Karibu

Fibel für die Ausleihe

Erarbeitet von:
Katharina Berg, Astrid Eichmeyer, Heidrun Kunze,
Kathrin Merkt, Claudia Stiebritz und Kerstin von Werder

Wissenschaftliche Beratung:
Carola Reuter-Liehr

Illustriert von Svenja Doering und Susanne Schulte

westermann

Inhaltsverzeichnis

1	Vorkurs	4
	Piloten (Vokale)	8
	Silben kennenlernen	10
2	M m, L l, S s	12
	So lese ich	18
	In jeder Silbe ist ein Pilot (Vokal)	20
3	W w, R r, F f, N n	22
	Geschlossene Silben	30
4	T t, Au au, Ei ei	32
	Mitsprechbare Doppelkonsonanten	38
5	H h, D d, Sch sch	40
	Kreuzbogen kennenlernen	46
	Nomen schreibe ich groß	48
6	K k, Z z, P p	50
	Stolpersteine	56

G g, J j, Eu eu	58
Satzanfang, Punkt und Fragezeichen	64

7

Ch ch, Ü ü, Ö ö, ß b	66
Aus a wird ä	72
Aus au wird äu	74

8

St st, Sp sp, ie, Qu qu	76
Wörter mit ie schwingen	80
Schwinge weiter	82

9

V v, C c	84
Schwinge weiter	88
ck und tz	89

10

Pf pf, ß, X x, Y y	90
Mitsprechen, nachdenken, merken?	94

11

Jahreszeiten	96
Methoden/Arbeitstechniken	108

12

In den Fußzeilen sind die Kompetenzen/Lernschritte der jeweiligen Seite aufgelistet.

Ankommen – Kari, Bu und du

über Bilder sprechen; verstehend zuhören; Ganzwort „ich" kennenlernen; sich selbst darstellen und präsentieren (Ich-Plakat erstellen)

> AH, S. 2: Das kann ich schon
> AH, S. 3

Auf dem Schulhof

Das Schreib-Ufo

Piloten (Vokale)

O o

I i

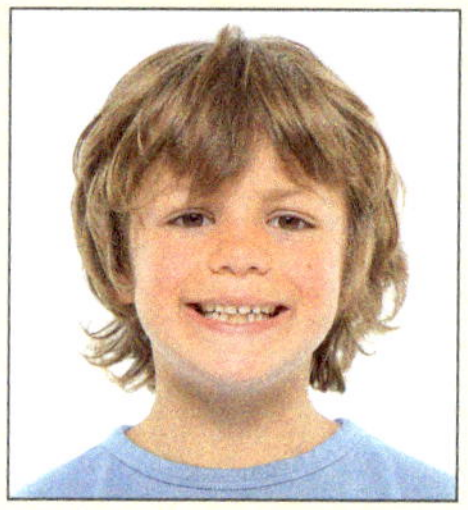

U u

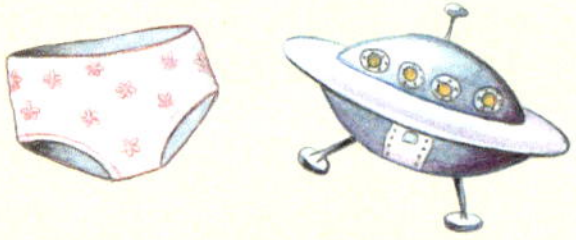

A a

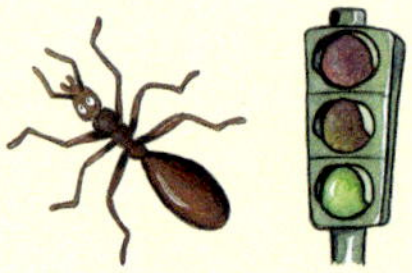

E e

Vokale (Buchstaben/Laute) auditiv und visuell erschließen (z. B. nachspuren, Laute sprechen, Anlautbilder benennen, Lautgebärden ausführen); Klangqualitäten von Vokalen unterscheiden

> AH, S. 14-33

Vokale (Buchstaben/Laute) auditiv und visuell erschließen; Begriff „Piloten" und deren Funktion kennenlernen; ganzheitliche Methoden zum Lernen von Buchstaben kennenlernen

> AH, S. 14-33

Silben kennenlernen

10 erste Einsichten in die Wortstruktur gewinnen (in Silben segmentieren)
> über Bilder sprechen; verstehend zuhören; Methoden zur Silbensegmentierung kennenlernen

erste Einsichten in die Wortstruktur gewinnen (in Silben segmentieren)
> Arbeitstechniken nutzen (Silben schwingen/schreiten)

M m

Mu
Ma
Mo
Mi
Me

ma
me
mo
mi
mu

Mama
Mami
Omi

Momo
Mimi
Oma

Buchstaben/Laut M m auditiv und visuell erschließen (z. B. Wörter mit M m im Bild finden); über Bilder sprechen; Gesprächsregeln kennenlernen; erste Lesefertigkeiten erwerben

> AH, S. 34-37

L l

Ole?

Lola, Lola!

O, Ali!

La		lo		Mila	Lomo
Li	Le	li	la	Mali	Lama
Lu	Lo	le	lu	lila	Limo

S s

"Omi, Salami!"

"So, so, Salome!"

Sa		su	si	Susi	Lose
Su	Se	so	sa	Mose	Salome
Si	So	se		Lisa	Luisa

Ich lese Limo.

Ich lese Lose.

Ich lese Salami.

Ich lese Seife.

Ich lese Salat.

Alle lesen Seil.

Memi

Sosumi

Lasomo

Muso

So lese ich

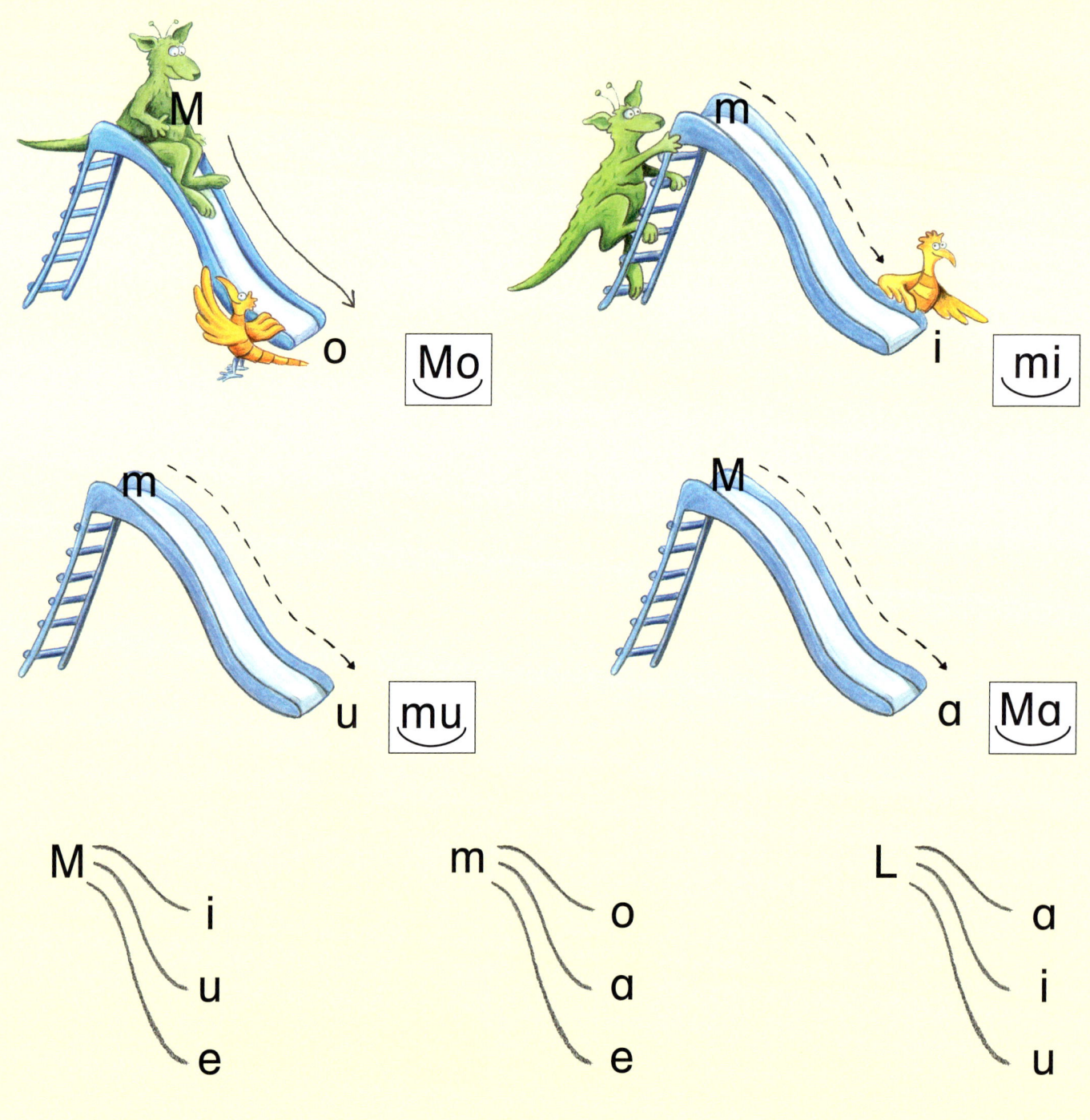

das Syntheseprinzip anwenden (offene Silben: Konsonant-Vokal-Verbindungen); lautieren
> Lesefertigkeit mithilfe des Lese-Ufos trainieren; offene Silben lesen

> AH, S. 46

In jeder Silbe ist ein Pilot (Vokal)

o   i   u   a   e

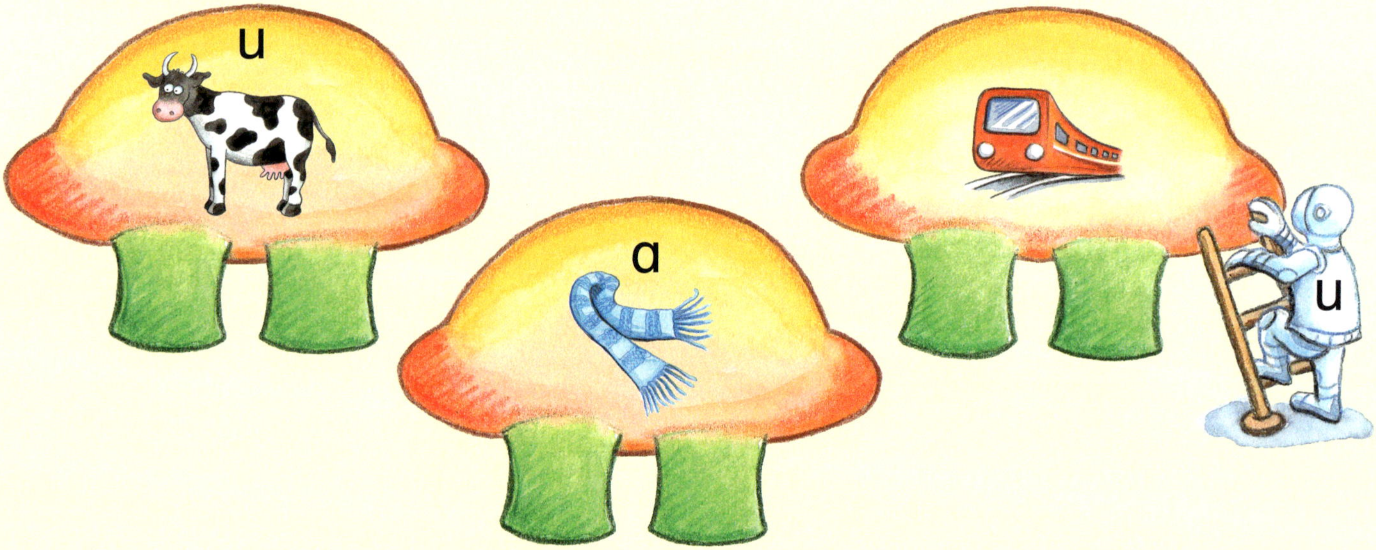

u

a

u

20 erste Rechtschreibstrategien anwenden (Wörter mitsprechen)
> Vokale in einsilbigen Wörtern benennen; Regel ableiten: „In jeder Silbe ist ein Pilot (Vokal)"

> AH, S. 46

W w

"Uwe!"

"Wale?"

"Ole, Ole?"

"Iiiiii!"

Wa wo   wi wa wo
 We wa
Wi wi   mi ma mo
 Wo wu
Wu we   mi ma male

Male lila Wale.

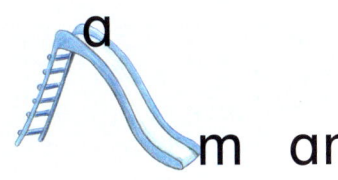 am

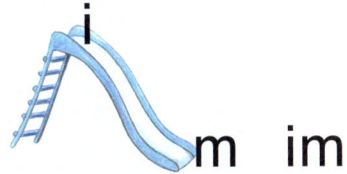 im

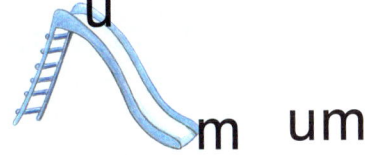 um

Ole am  !

Uwe im  ?

Wasili am  !

Wale im  ?

Was wollen wir morgen tun?

Hallo Oma!

Wir waren am Wasser.

Kari

An Oma
Wilma Duwe
Am Walle 2
46483 Wesel

R r

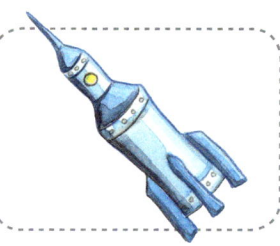 

Samira? Mario! Lara! Arme Lara!

Ri		ro	Rose	Marisa
	Ro	ra	Sara	Wasili
Ru		re	rosa	Samira
	Ra	ru		
Re		ri	arme	Mario

Wo?

Wo ist Sara?

Sara ist im 🚗.

Ist Samira am 🪵?

Wo ist Mario?

Mario ist am 🏠.

Wo ist Salome?

Salome ist am 🌳.

Wo ist Lara?

Mein neuer Schirm ist rot mit Punkten.

Mir ist warm!

F f

Filo!

Fi	Sofa	rufe	Ufo
Fa	Femi	Mofa	Safari
fe	Filo	Alfi	Samira
fo	Fifa	Elfe	Rafael
fu			

Wo?

Ist Ali am  ? 😊 ☹

Ist Ole im  ? 😊 ☹

Ist Femi am  ? 😊 ☹

Ist Filo im  ? 😊 ☹

Wo ist Filo ?

Filo ist am Sofa.

Fiona findet fünf Frösche.
Finden fünf Frösche Fiona?

N n

Nase	an	lesen	Melone
Name	in	malen	Rosine
Nero	nun	rufen	Lawine
Nena	nur	rasen	Sirene

Wir rufen unsere Oma an.

Ich rase im Nu los.

Fiona und Ole lesen.

Was malen Ali und Nele nur?

So ein Nebel!
Wo ist nur Papa?

Geschlossene Silben

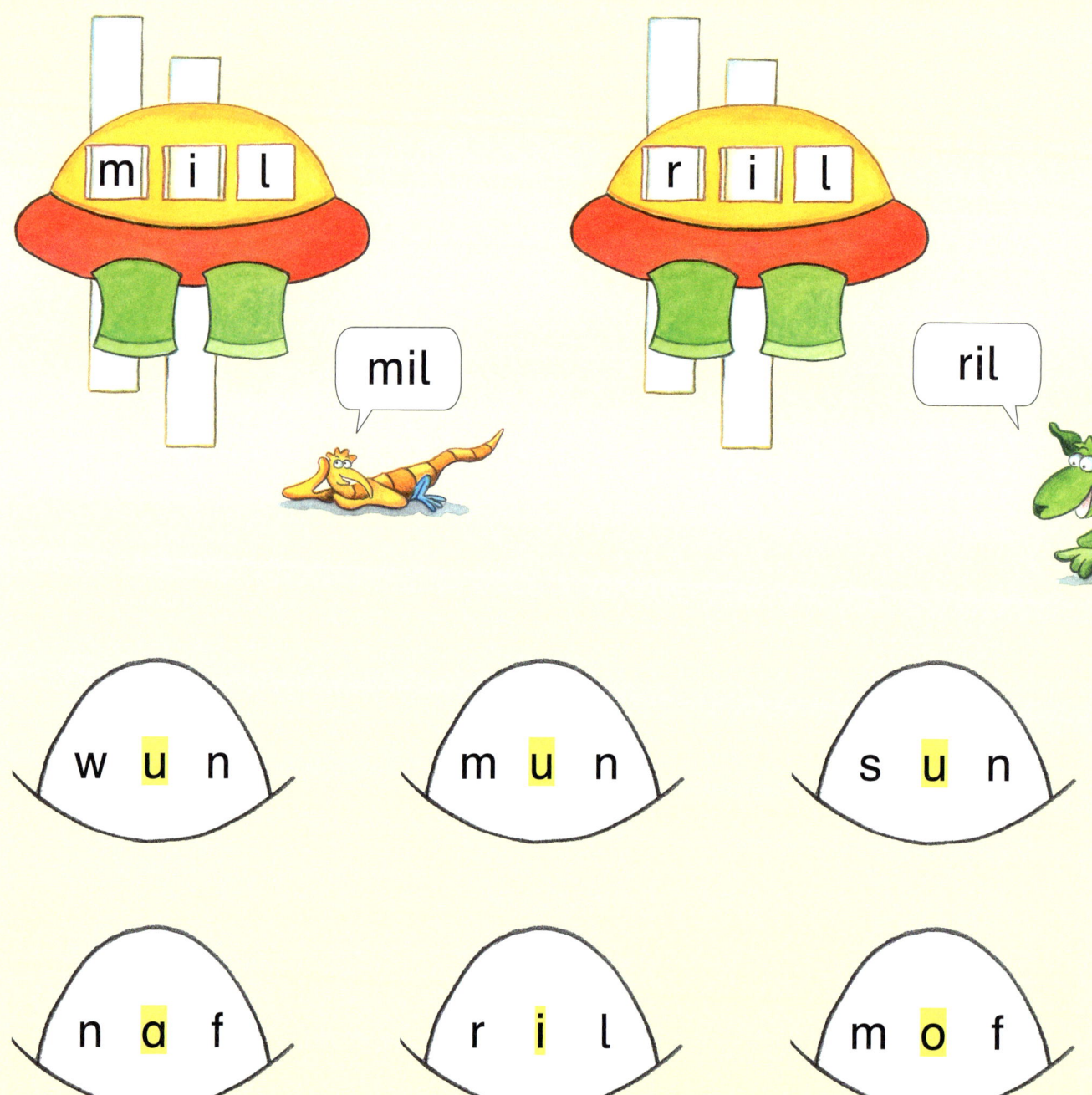

Ro sen   Ma ler

ru fen   ma len   le sen

ra sen   Am sel   In sel

O fen   E sel   U fer

Mur mel   un ser

Das e versteckt sich oft. Den Piloten kann ich manchmal schlecht hören.

T t

Wer mit wem?

Renato • Momo • Toni • Tamara • Toto • Salome

Ta		Timo	Tante	retten
	to	Toto	Tafel	Lotto
te				
	Ti	Tamara	Telefon	Ratte
Tu		Renato	Torte	Sattel

Am Telefon

Salomes Telefon tutet.

Timo Taler ist am Telefon.

„Timo? Was wollen wir tun?"

„Wollen wir mit Momo
und Malte am Wasser rennen?"

„Ich rufe Momo und Malte an."

Momo und Malte
haben keine Zeit.
Timo und Salome
gehen alleine.
Schreibe weiter.

Au au

Autos, **Au**tos, **Au**tos

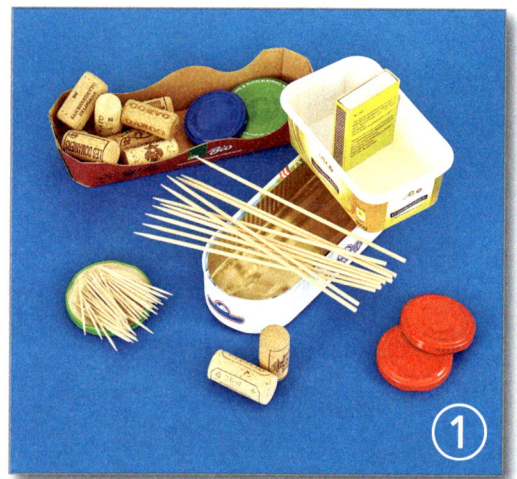

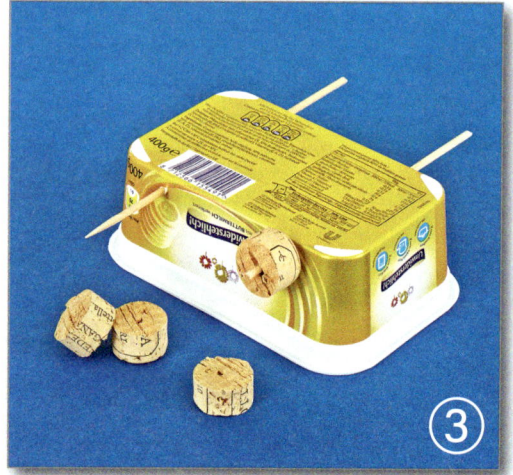

Autos rol**len**.   Tol**le Au**tos **sau**sen los.

Alle Autos rollen.
Alle Autos rollen los.
Tolle Autos sausen.
Tolle Autos sausen im Nu.
Rote Autos rasen.
Rote Autos rasen mit.

"Das ist ein supertolles Autorennen."

Autorennen

Alle Autos rasen los.
Ole und Lulu rufen laut:
„Lauras Auto ist raus."
„Wer ist Nummer 1?"
Es ist Timos tolles Auto.

Ei ei

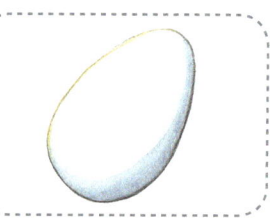 

Ein Wasser-Test

In einem Eimer
ist etwas Wasser.
Nun lassen wir ein Ei
ins Wasser rollen.
Alle testen weitere Teile.

①

②

③

ein Ei ein Auto eine Murmel

Enten-Ei

Ein Ei

Auf einem Ast
ist ein Nest.
Im Nest ist ein Ei.
Ist es ein Enten-Ei?
Nein!
Ist es ein Amsel-Ei?
Nein!
Was ist es also?

Amsel-Ei

Meisen-Ei

Und wie klein ist eigentlich ein Ameisen-Ei?

Mitsprechbare Doppelkonsonanten

Ofen

offen

Tasse – Nase

Ratten – raten

fallen – malen

Welle – Wale

Nummer – Name

Waffel – rufen

messen – lesen

Wasser – Rasen

Som‿mer Was‿ser

Som‿mer‿son‿ne Was‿ser‿wel‿len

☕	s	ss		♪	t	tt
👃	s	ss	💂		t	tt
🎨	l	ll	🐒		f	ff
🍽	l	ll	▦		f	ff

erste Rechtschreibstrategien anwenden (Wörter mit Doppelkonsonanten mitsprechen)
> Wörter schwingen/schreiten; Doppelung erkennen, mit Muggelsteinen kennzeichnen

> AH, S. 78
> AH, S. 79: Das kann ich jetzt

H h

Alle Familien im Haus

Im Haushalt helfen alle mit.

Ole und Salome holen Teller.

Momo und Ali holen Tassen.

Nur Hase Heino rast umher.

Helfen

Wo ist ein Hut?

Wo ist Oma?

Worauf wartet Hasso?

Was hat Hase Heino im Maul?

Was holen Ole und Salome?

Wo hilfst du im Haushalt?

Wir helfen.

Wir helfen immer.

Wir helfen immer alle.

Wir helfen immer alle mit.

Wir helfen fast immer alle mit.

Ich koche heute für Bu und mich.

Wo kannst du im Haushalt helfen?

Schreibe einen eigenen Treppensatz.

D d

Wir

Die da

ist mit

der da da

und

die da

ist mit

dem da da.

nach Jürgen Spohn

Teilen

Dennis ist mit Malte da.
Malte ruft: „Im Haus ist einer!"
Dennis und Malte wollen wissen:
„Wer ist das?"

Dana ruft:
„Herein, herein!
Ich lade alle ein!"
Dana teilt mit Dennis
und Malte das Haus.

Alle essen Kekse
aus einer Dose.
Sie trinken dazu Saft.

Sch sch

Mensch**en**

Alle sehen anders aus.

Alle essen etwas anderes:
Fisch, Fleisch, Reis, Linsen,
Nudeln oder nur etwas Hirse.

Menschen schlafen im Haus
oder unter freiem Himmel.

Feste feiern alle auf der Erde!

Amit aus Indien

Amit ist aus Nesal.
Das ist ein altes, indisches Dorf.
Er ist Hindu.

In Indien ist es oft warm.
Fast immer scheint die Sonne.
Die Familie hat nur ein Schaf.

Amit und seine Schwester Nila
helfen oft.
Nila holt Wasser in Eimern
und Amit erntet Linsen und Reis.

Amit möchte in die Schule gehen.
Er will später Schneider werden.

Kreuzbogen kennenlernen

Musch scheln?

Ich finde Muscheln.

Muscheln

Ich finde Muscheln.

naschen   mischen   waschen

tuschen   wischen   Masche

huschen   fischen   Flasche

 Fische
 Rutsche
 Tasche

Muschel		
Menschen		
tuschen		
rascheln		
rauschen		
rutschen		

sch doppelt sprechen, aber nicht doppelt schreiben.

Nomen schreibe ich groß

 **T**afel

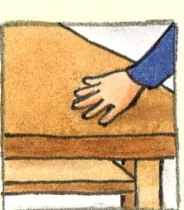 **T**isch

 **L**ineal

 **A**uto

 **S**alome

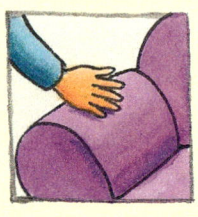 **S**ofa

Was können wir noch anfassen?

Merkmale von Nomen (Konkreta) kennenlernen (Großschreibung)
> Merksatz erarbeiten: „Nomen kann ich anfassen"; Nomen im Bild finden und verschriften

> AH, S. 94

Name		
Lara	Lama	Laterne
Momo	Maus	Mantel

Merkmale von Nomen (Konkreta) kennenlernen (Großschreibung); Wörter sammeln (Oberbegriffe)
> Nomen finden; Nomen den Oberbegriffen „Menschen", „Tiere", „Gegenstände" zuordnen

> AH, S. 94
> AH, S. 95: Das kann ich jetzt

K k

Im Keller

Mama ruft:

„Karen, lauf in den Keller und hole Kekse!"

Karen ist im Keller.

Dort ist es dunkel und immer kalt.

Auf einmal raschelt es in einer Kiste.

Was ist das nur?

Ist da eine Maus?

Karen schaut in die Kiste.

O, es ist ein Kater.
Er hat einen Schal um den Hals und Schuhe an.

 Hallo, mein Name ist Kater Mikesch.

Ein Wunder! Du redest mit mir?

 Nein, das ist kein Wunder! Alle Kater mit dem Namen Mikesch reden.

Wirklich?

 Na klar! Was machen wir nun?

Was erleben Karen und Mikesch?
Andere Abenteuer auch auf CD:

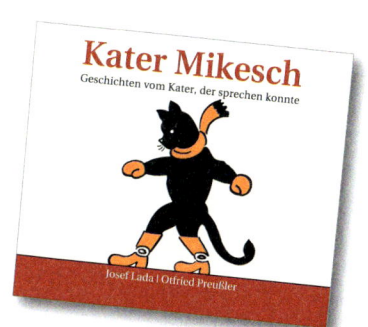

Lesefähigkeiten und Leseerfahrungen erwerben (mit verteilten Rollen lesen); eine Geschichte erzählen; eigene Schreibideen entwickeln; kurze Texte verfassen; Geschichten sammeln und veröffentlichen

Z z

Im Zirkus

Zirkus Zarano ist da.

Zarinus wartet

am Zirkuszelt auf Zuschauer.

In seinem schwarzen Hut

hat er zwei Hasen.

Leise murmelt er:

„Ene mene Hasenschwein,

es sollen da zwei Katzen sein!"

Zisch, zisch, miau, wau, wau.
O, was ist das?

Auf wen wartet Zarinus?
auf den Direktor T   auf die Zuschauer Z

Wo wartet Zarinus?
am Zirkuszelt AU   hinter dem Zirkuszelt EI

Was hat Zarinus zuerst im Hut?
zwei Hasen N   zwei Katzen R

Mein Lösungswort

Simsalabim, abrakadabra, zweimal schwarzer Kater!

P p

Der kleine Pirat

Der kleine Pirat war anders.

Mit seiner Schaluppe*

schipperte er allein

zwischen den Inseln hin und her.

Er enterte** fremde Schiffe nur,

um etwas Essen zu klauen.

Der kleine Pirat war einsam.

Er redete selten

mit anderen Menschen.

Nur sein kleiner Kakadu Pepe

plapperte einzelne Worte.

* Schaluppe = kleines Schiff der Piraten
** entern = ein Schiff mit einem Haken heranziehen und stürmen

Der Orkan

Einmal kam ein schlimmer Orkan.
Die Wellen warfen die Schaluppe
auf einen Felsen.
Der kleine Pirat landete
auf einer einsamen Insel.
Also lernte er, auf Palmen zu klettern
und Datteln zu ernten.

Aus dem Wasser holte er
mit seinen Netzen
oder einer Harpune*** Fische.
Einmal zappelte ein fremdes Wesen
in einem seiner Netze ...

*** Harpune = ein Wurfspeer

Wie waren Piraten wirklich?
Suche in Büchern oder im Internet.

Stolpersteine

wer rennen leider Reis
schwer trennen Kleider Preis

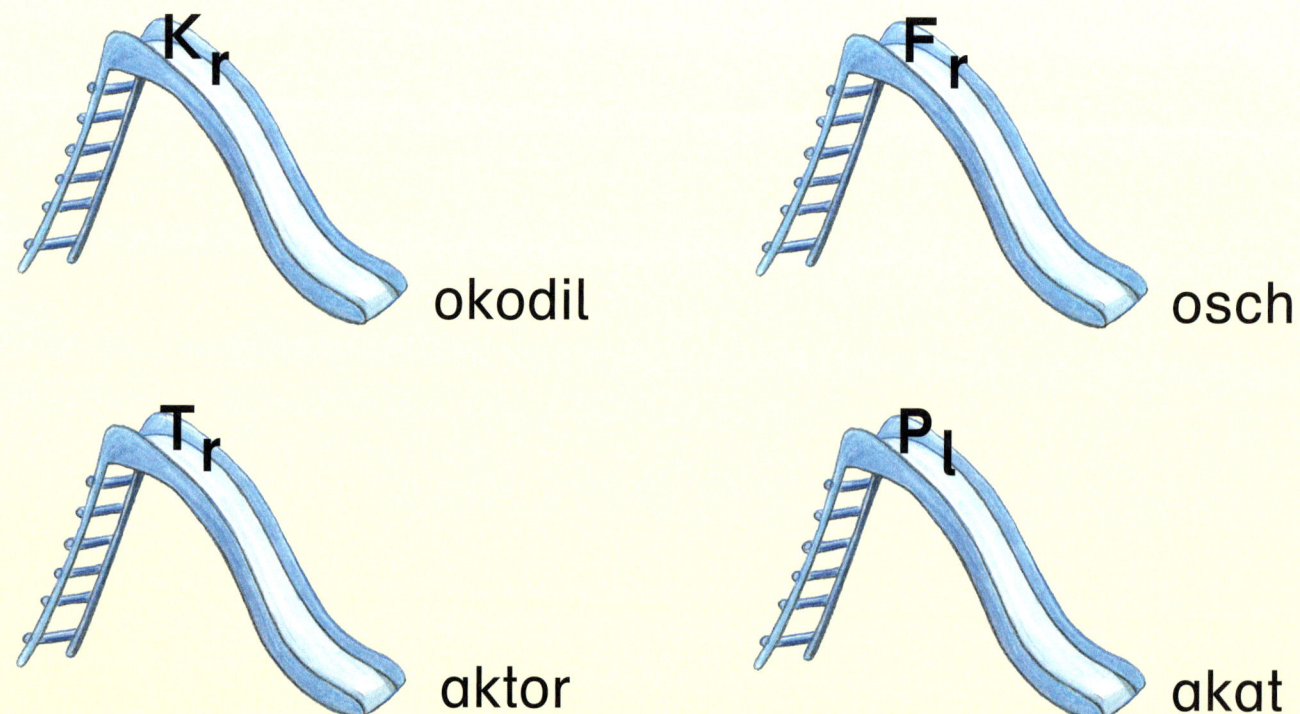

K r okodil

F r osch

T r aktor

P l akat

Lies und sprich genau

 **Sch**ein

 **Sch**litten

 **sch**wimmen

 **schr**eien

 **schn**attern

 **Pl**akat

 Klammer

 **Pl**anet

 **Pr**aline

 **Tr**ompete

Auf Plakaten finden wir Krokodile mit Nasenklammern, die Pralinen fressen.

G g

Im Zoo

Wir gehen mit der Klasse

in den Zoo.

Das finde ich prima.

Wir gehen zuerst

zu den Gehegen

der Antilopen und Giraffen.

Die Giraffen kauen immerzu.

Mit dem langen Hals kommen sie

sogar an hohe Zweige.

Mir gefallen die Papageien gut.

Sie plappern immer:

„Hallo! Hallo!

Guten Morgen! Guten Morgen!"

Ich gehe gerne zu den Elefanten.
Sie trotten immer im Gehege herum.
Zwei kleine Elefanten
laufen hinter der Mutter her.
Sie gehen zum Wasser.

Genauso gerne gehe ich
an das Affen-Gehege zu den Affen.
Die Gorillas klettern gerade
an langen Seilen hinauf.
Sie schwingen
hin und her.

Geparden finde ich auch gut.
Welche Tiere findest du toll?

J j

Junge Hunde

Im Januar kommen Papa und Mama
mit einer Kiste ins Haus.
In Papas Kiste sind
zwei kleine Welpen.

Die Hunde jaulen und japsen.
Jonas und Ronja kreischen:
„Kleine Hunde! Das ist ja super!"
Papa meint:
„Das sind Jule und Maja."

Jonas und Ronja wollen gut
auf die jungen Hunde aufpassen.

Jonas und Ronja gehen immer
mit den kleinen Hunden
in den Park oder Garten.
Dort jagen Jule und Maja herum.

Seit gestern sind die Hunde
in einer Hundeschule.
Dort lernen Jule und Maja,
gehorsam an der Leine zu laufen.

Was braucht ein Hund?

Los, mach Sitz!

Eu eu

Unsere Klassenreise

Heute sind wir auf Klassenreise.

Auf dem Hof ist allerlei los:

Eine Eule schlummert auf einem Ast.

Im Efeu sitzen zwei scheue Katzen.

Eine Sau und neun Ferkel

laufen umher.

Zwei Ferkel wollen Wasser trinken.

Ein Schaf kaut Grashalme.

Ole und Eugen sitzen
auf dem alten Traktor.
An der Scheune ist ein Heuhaufen.
Alle Kinder wollen heute
im Heu schlafen.
Ali und Jan rufen:
„Wir kuscheln uns ins Heu."

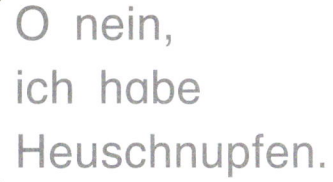

Sitzen im Efeu scheue Katzen? 🙂 🙁

Kauen die Ferkel Grashalme? 🙂 🙁

Ist der Traktor neu?  🙂 🙁

Ist an der Scheune ein Heuhaufen? 🙂 🙁

Alle Kinder wollen im Heu schlafen. 🙂 🙁

Satzanfang, Punkt

Die Eulen jagen.

Die Rehe fressen Gras.

Alle Hasen schlafen heute.

Hohe Tannen rauschen.

Hat es bei euch gefunkt?
Am Ende ist ein Punkt.

erste Einsichten in einfache Satzstrukturen erwerben (Funktion); Satzschlusszeichen setzen (Punkt)
> Satzgrenzen erkennen; Sätze abschreiben; Großschreibung am Satzanfang und Punkt markieren

> AH, S. 122

und Fragezeichen

"Eine Frage auf Papier hat immer dieses Zeichen hier?"

"Findest du eigene Fragen?"

Wo schwimmen die Fische?

Wo flattern Schmetterlinge?

Wer hat rote Schuhe an?

Was tut der Kater?

Schlafen zwei Hunde?

erste Einsichten in Satzstrukturen erwerben; Satzschlusszeichen kennenlernen (Fragezeichen)
> Fragen schreiben und beantworten; Großschreibung (Satzanfang)/Satzschlusszeichen markieren

> AH, S. 122
> AH, S. 123: Das kann ich jetzt

Ch ch

Wut

Micha ist gerade nach Hause gekommen.

Dort wirft er seine Schultasche fort.

Er schleicht sich in sein Zimmer.

Er hat schlechte Laune!

Seine Schwester darf nicht hereinkommen.

Sie macht sich Sorgen.

So ist Micha doch sonst nicht.

Mama und Papa kommen nach Hause.

Micha ist immer noch in seinem Zimmer.

Alle sollen Micha in Ruhe lassen.
Micha macht nicht auf.
Was sollen sie machen?
Mama ruft: „Was hast du nur?"
Keine Antwort!

Nach einer Weile schreit er
jedoch laut: „Wut! Wut! Wut!
In der Schule ist heute alles
so schlecht gelaufen!"

Wut im Bauch!
Was machen andere Kinder mit echter Wut?
Hannes macht einen Wutkuchen.
Dort knetet er alle Wut ein.
Anna hat eine laute Trommel.
Was machst du?

Eine kluge Maus

Der Uhu und die Schlange wollen

die kleine Maus gern fressen.

Darum denkt sie sich

den fürchterlichen Grüffelo aus.

Der Grüffelo hat feurige Augen,

eine lange Zunge und eine giftgrüne Warze.

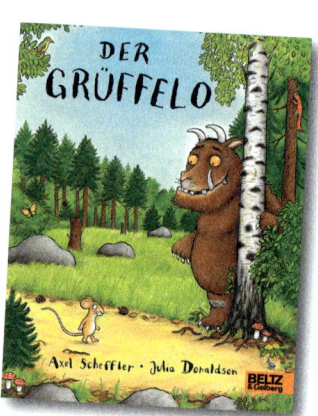

Eines Tages taucht jedoch

ein echter Grüffelo auf. O je.

Doch die Maus hat einen neuen, klugen Plan.

Hast du eine Idee?

Schreibe auf.

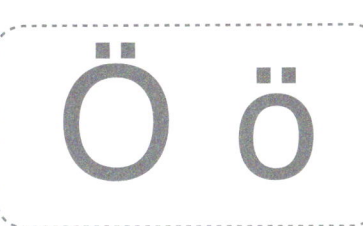  

Eichhörnchen

Die Eichhörnchen suchen

immer nach Futter.

Sie finden Samenkörner, Walnüsse,

Tannenzapfen, Eicheln oder Haselnüsse.

Auch Früchte mögen Eichhörnchen gern.

Mit der guten Nase erschnuppern

sie alle Gerüche des Waldes.

So finden sie immer

etwas zu fressen.

Eichhörnchen leben allein

auf Bäumen.

Sie halten sich mit den Krallen

an der Baumrinde fest.

B b

In der Bücherei

Die Kinder der Klasse 1b

besuchen heute die Bücherei.

Mit der Leiterin Frau Bach

gehen sie durch die Reihen der Regale.

Sie meint: „Jeder findet sicher

ein Buch, das er gerne lesen möchte."

Meinen Beruf nennt man Bibliothekarin.

Robert möchte wissen:
„Haben Sie auch Bücher über Zebras?"
Frau Bach antwortet: „Ja, dort drüben!"
Sie redet weiter:
„Wer ein Buch ausleihen möchte, braucht nur einen Leseausweis."

Die Kinder sind begeistert.
Nach kurzer Zeit haben alle
ein Buch gefunden.

Welche Bücher willst du ausleihen?

Die Klasse 2a ist in der Bücherei.	Ja	Nein
Frau Blech ist die Leiterin der Bücherei.	Ja	Nein
Robert möchte Bücher über Zebras lesen.	Ja	Nein
Hunde brauchen einen Leseausweis.	Ja	Nein
Alle Kinder wollen ein Buch ausleihen.	Ja	Nein

Aus a wird ä

 ein Kasten   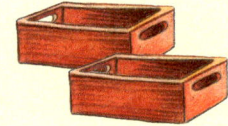 zwei Kästen

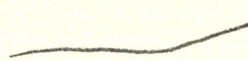 ein Faden    zwei Fäden

 ein Plan    zwei Pläne

Kräne

Nägel

Schwäne

Äste

Läden

Kräne kommt von Kran.

Kran

Ast

Nagel

Laden

Schwan

Zauberpunkte

Zwei Punkte – klein und unscheinbar

was sie können – das ist klar:

Aus einem Dach werden Dächer,

aus einem Fach werden Fächer.

Aus einem Ast werden Äste,

aus einem Gast werden Gäste.

Aus einer Bank werden Bänke,

aus einem Schrank werden Schränke.

Aus einem Schwan werden Schwäne,

aus einem Plan werden Pläne.

Astrid Eichmeyer

Aus au wird äu

 ein Schlauch  zwei Schläuche

 ein Haus  zwei Häuser

 eine Maus  zwei Mäuse

Bäuche

Bäume

Zäune

Läuse

Fäuste

Bäuche kommt von Bauch.

Bauch

Zaun

Faust

Laus

Baum

Eine kleine Abermaus

Alle Mäuse sind im dunklen Mauseloch.
Aber eine Maus ist immer im Gras
unter den Bäumen.
Das ist die kleine Abermaus.

Mäusemama ruft: „Es gibt Essen!"
„Aber ich habe keinen Hunger," meint die Abermaus.
Mäusepapa ruft: „Komm ins Mauseloch!"
Die Abermaus erwidert:
„Aber, ... aber dort ist es dunkel."

In der Nacht ist die Abermaus
immer noch im Garten.
Da schleicht sich eine Katze an.
Nun läuft die kleine Abermaus in das Mauseloch.
Dort ist es dunkel, aber sicher.

nach Irma Krauß

St st

Ich höre *scht*.
Ich schreibe **st**.

Auf dem Dachboden

Ole ist zu Besuch
bei seinem Patenonkel.
Onkel Stefan hat auf seinem Dachboden
ein Teleskop stehen.
Damit betrachtet er den Sternenhimmel.
Ole und Stefan steigen
die steile Treppe hoch.

Oben macht Stefan das Dachfenster auf.
Sie stellen das Teleskop für Ole ein.
Stefan meint: „Beobachten wir den Himmel,
können wir die Sterne wandern sehen.
Nur der Polarstern ist stets
im Norden zu erkennen."

Sp sp

Ich höre *schp*.
Ich schreibe **sp**.

Spin**nen**net**z**e

Ste*fan* möch*te* ge*ra*de
das Dach*fens*ter zu*sp*erren,
da be*merkt* O*le* **Sp**in*nen*net*ze*.
In ei*nem* Ge*rüst* aus drei Fä*den*
hat ei*ne* **Sp**in*ne* **Sp**ei*chen* ge*z*ogen.
Im Gerüst weben **Sp**innen
immer neue Fäden.
In der Mitte des Netzes befindet sich
eine **Sp**irale aus klebrigen Fäden.

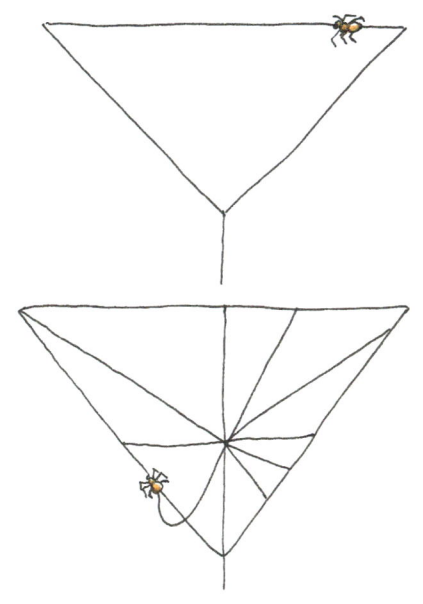

Nun lauert die **Sp**inne auf Beute.
„Was fressen **Sp**innen eigentlich?",
möchte Ole wissen.

Informiere dich über **Sp**innen.

ie

Langeweile

Der Himmel ist grau.

„So ein mieses Wetter", meint Sofie.

„Heute können wir nicht raus.

Unsere Wiese ist wieder zu feucht."

Die Kinder fragen: „Können wir fernsehen?"
Die Mutter antwortet: „Nein! Holt euch
doch lieber den Spielekasten."

„Diese Spiele kennen wir doch alle!",
rufen Sofie und Malte.
„Ich habe es!", ruft Malte.
„Wir denken uns selber
neue, tolle Spiele aus!"

Qu qu

Ich höre *kw*.
Ich schreibe **qu**.

Tiere schützen

Rieke und Sara mögen Tiere.
In der Freizeit helfen sie,
Tiere zu schützen.
Heute retten sie Kröten.
Rieke und Sara sammeln
die quakenden Tiere in Eimern.
Die Kinder tragen sie
quer über die Wege
bis zum nahen Teich.
Dort legen die Kröten Eier
in das flache Wasser.
So werden aus Kaulquappen
schneller kleine Kröten.
Plötzlich hört man Rieke quieken.
Sie hat quatschnasse Füße!

Quak, quak!
Quak, quak!

Wörter mit ie schwingen

Pieken fiese Bienen dich,

so hast du einen Bienenstich.

pieken — pinseln

wiegen — winken

Liebe — Lippe

siegen — singen

Bienen — Birnen

bieten — bitten

Hörst du und sprichst du am Ende einer Silbe ein i, so schreibst du meistens ie.

Schwinge weiter

Wir füttern unseren Hun?

Hunde

Wir füttern unseren Hund.

ein Hund → zwei Hunde

ein Mond → zwei Monde

eine Burg → zwei Burgen

ein Zwerg → zwei Zwerge

ein Korb → zwei Körbe

Ein Hund – zwei Hunde! Ich schwinge weiter!

ein Brett → zwei Bretter

zwei	ein/eine
zwei Betten	ein Bett
zwei Nüsse	eine Nuss
zwei Schiffe	ein Schiff
zwei Lämmer	ein Lamm
zwei Bälle	ein Ball

Einmal doppelt – immer doppelt!

V v

Spannende DVDs

Es ist Wochenende.
Salome und Sven treffen sich.
Sie wollen sich eine DVD ansehen.

„Ich habe eine DVD über Vampire
mitgebracht!", ruft Salome.
Sven will aber lieber seine DVD
über Vulkane sehen. Was nun?

Salome sagt: „Wir werfen eine Münze."
Salome gewinnt.
Sven nörgelt: „Am Donnerstag
sehen wir uns aber meine DVD an.
Das musst du mir versprechen.
Du darfst es nicht vergessen!"

Der Vorhang verdunkelt das Zimmer,
und der Film fängt an.

V wie (Feder)
V wie (Wal)

The little vampire
– die amerikanische Verfilmung

Toni lebt mit seinen Eltern in einem alten Schloss.
Nachts träumt er oft von Vampiren.
In der Schule wird er verspottet,
weil er an Vampire glaubt.

Doch eines Nachts findet Toni
einen neuen Freund.
Eine Fledermaus verwandelt sich
in einen Vampir.
Sein Name ist Rüdiger von Schlotterstein.
Seine Familie trinkt kein Blut von Menschen.
Sie mag nur die Milch von Kühen.

Toni und Rüdiger werden Freunde.
Sie suchen ein Amulett.
Dies soll die Familie Schlotterstein
von einem Vampir-Fluch erlösen.
Doch gemütlich wird die Suche nicht.
Es gibt da noch den gemeinen
Vampir-Jäger Geiermeier …

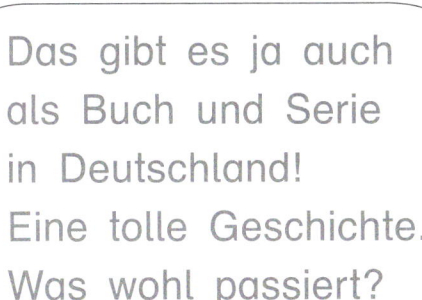

Das gibt es ja auch als Buch und Serie in Deutschland!
Eine tolle Geschichte.
Was wohl passiert?

C c

Am Computer

Die Kinder der Klasse 1c arbeiten
am Computer.
Alle freuen sich.

Carlos ist clever,
mit Computern kennt er sich gut aus.
Er will Carina heute „Antolin" erklären.
Das ist ein Computer-Programm zum Lesen.

Carlos sagt: „Du musst dir ein Buch aussuchen.
Ein Buch, das du schon gelesen hast.
Nun kannst du viele Fragen zum Buch beantworten."
Carina antwortet: „Ich habe gestern ein Buch
über Computer gelesen."
Carlos tippt das Buch mit der Maus an.
Es erscheinen Fragen.
Carina ruft: „Das ist ja wie ein Quiz! Cool!"

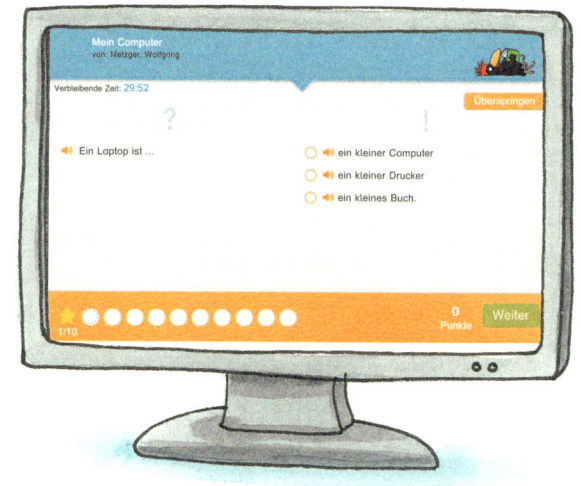

Im Wochenplan ist eine tolle Aufgabe:
Die Kinder sollen ein Gedicht
am Computer eintippen.
„Ich helfe Carmen.
Wir arbeiten zusammen!", ruft Caroline.
Die beiden fangen sofort an.

Ich schreibe gern und viel am Computer.

Ich surfe oft im Internet.

Mich interessieren Computer nicht.

Ich spiele am liebsten am Computer.

Was meinst du?
Was machst du besonders gern am Computer?

Schwinge weiter

Das Sportfest begi**nn**t.
Zuerst mu**ss** Victor laufen.
Er re**nn**t los und fä**ll**t hin.
Victor ra**fft** sich auf
und schle**ppt** sich ins Ziel.
Aber springen und werfen ka**nn** er besser.
Am Ende beko**mm**t er eine Urkunde.

Bei manchen Wörtern muss ich nachdenken.

er gewinnt → wir gewinnen

er schwimmt → wir schwimmen

er rollt → wir rollen

er muss → wir müssen

er trifft → wir treffen

> AH, S. 152

ck und tz

Diese Wörter kann ich ja mitsprechen.

weckt	wecken
lockt	locken
schleckt	schlecken
knackt	knacken

platzt	platzen
kratzt	kratzen
putzt	putzen
sitzt	sitzen

Pf pf

Auf dem Pferdehof

In den Ferien reisen Momo und Uwe
auf den Pferdehof „Schnelle Hufe".
Eine Woche dürfen sie dort verbringen.
Jeder bekommt sogar
ein eigenes Pflegepferd!
Die Pferde der Kinder sind pfiffige Tiere.
Nach einigen Tagen erkennen sie
die kleinen Reiter schon.

Jeden Tag helfen die Kinder
bei der Pflege der Reitpferde.
Momo und Uwe striegeln die Tiere
und misten den Stall aus.
Mittags bekommen sie Pfannkuchen
mit Pfirsichkompott.
Auch die Tiere bekommen ein Leckerli.

ß

Mitte der Woche fängt es draußen
furchtbar an zu gießen.
Als der Regen aufhört,
ist die große Wiese ganz matschig
und überall stehen Pfützen.
Nun können die Kinder nicht mehr ausreiten.
Schade!

Aber Momo und Uwe lassen sich
die Freude nicht verderben!
Sie schreiben Postkarten.
Oma und Opa freuen sich immer
über Urlaubsgrüße.

So ein Regenwetter!
Was können die beiden
noch tun?

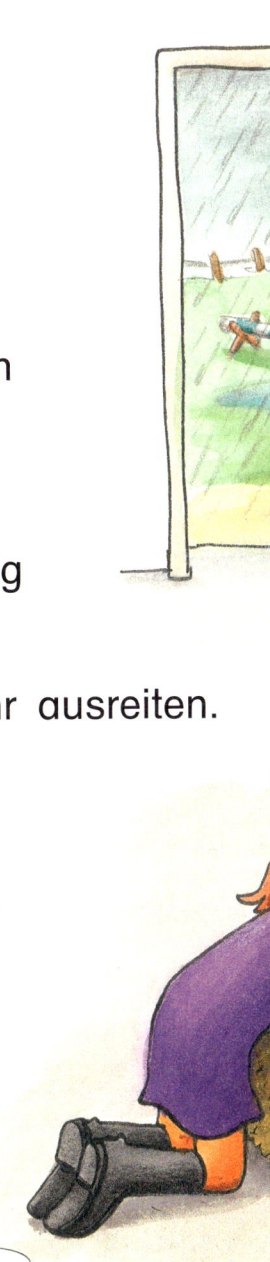

X x

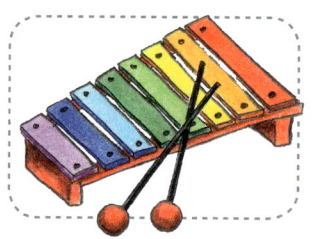

Die Hexe Lilli

Das ist die Hexe Lilli.
Eigentlich ist sie keine Hexe,
sondern ein Kind –
so wie du es bist.

Aber sie hat ein Hexenbuch.
Pssst, das ist geheim!
Sie ist eine richtige Geheimhexe.
Die Hexe Surulunda Knorx hat
das Buch bei Lilli vergessen.

Heute zaubere ich mir ein buntes Hexen-Xylofon.

In dem Hexenbuch
stehen viele Zaubereien
und wilde Hexensprüche.
Zum Beispiel kann sich Lilli
in andere Länder und
Zeiten hexen.

Nachschlagen

Jenny und Felix lesen im Lexikon:

Pyramiden

In Ägypten gibt es Pyramiden,
die 4000 Jahre alt sind.
Die alten Könige wurden
darin begraben.
In den Pyramiden gab es
weit verzweigte Gänge.
Zum Bau
der Pyramiden
brauchte man
viele Millionen Steine.

Himalaya
Der Himalaya
ist die höchste Gebirgskette
der Welt.
Auf den Bergspitzen
liegt immer viel Schnee.
Man sagt, dort soll
der Yeti leben.
Das ist ein
Schneemensch.

Schlage andere Wörter im Lexikon nach.
Suche auch in anderen Büchern oder im Internet.

Mitsprechen, nachdenken oder merken?

94 Rechtschreibstrategien anwenden (Mitsprechen=grün, Nachdenken=orange und Merken=rot) > AH, S. 162
> über Bilder sprechen; verstehend zuhören; Arbeitstechniken kennenlernen (Strategien)

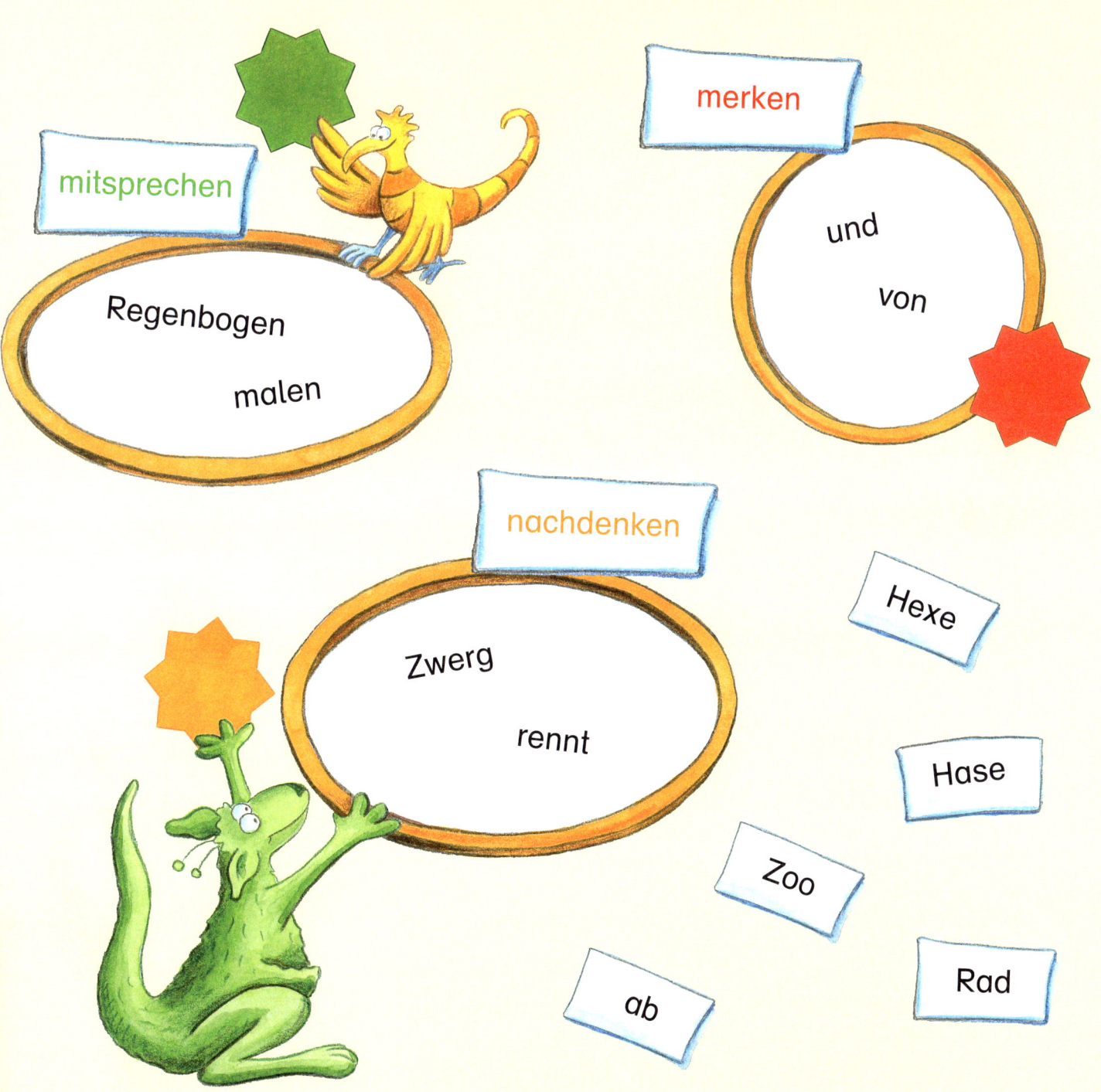

Rechtschreibstrategien anwenden (Mitsprechen=grün, Nachdenken=orange und Merken=rot)
> Wörter lesen; Wörter den Sternen zuordnen

> AH, S. 162
> AH, S. 163: Das kann ich jetzt

Im Herbst

Ernte   Apfel
Erntedank   Apfelsaft
Erntedankfest   Apfelsaftflasche
Erntedankfest   Apfelsaftflasche

Was raschelte?
Was raschelte leise?
Was raschelte leise im Gras?
Was raschelte leise im welken Gras?
Es war eine kleine Maus, die Gedichte las.

Sankt Martin

Ich gehe mit meiner Laterne

Ich gehe mit meiner Laterne
und meine Laterne mit mir.
Dort oben leuchten die Sterne,
und unten, da leuchten wir.
Mein Licht ist aus,
wir gehen nach Haus.
Rabimmel, rabammel, rabum!

Text und Musik: Volksgut/traditionell

Am 11. November feiern wir das Martinsfest.
Kinder gehen mit bunten Laternen
durch die Straßen.
Sie singen Martinslieder.

Weihnachten

Wo wohnt wohl der Weihnachtsmann?
Wo und wie und was und wann,
wo wohnt wohl der Weihnachtsmann?

In den Wolken ganz weit weg
sitzt er froh und munter,
sitzt er da mit Sack und Pack,
und fällt niemals runter.

Wo und wie und was und wann,
wo wohnt wohl der Weihnachtsmann?

Wohnt er tief im Tannenwald,
wo der Mond verschwindet,
und er lacht in seinen Bart,
weil ihn niemand findet?

Wo und wie und was und wann,
wo wohnt wohl der Weihnachtsmann?

Fredrik Vahle (gekürzt)

Weihnachten in aller Welt

Italien

In Italien kommt am 6. Januar
die Hexe Befana.
Sie bringt Geschenke für alle Kinder.
Befana fliegt mit ihrem Besen
über die Dächer.
Sie lässt die Päckchen
durch den Schornstein fallen.

Russland

In Russland warten die Kinder
bis zum 31. Dezember
auf die Geschenke.
Väterchen Frost
und seine schöne Enkelin Schneeflocke
kommen mit einem Schlitten.

Und wie feierst du?

Neujahr

Neujahrswünsche

- Srećna nova godina!
- Felice anno nuovo!
- ¡Feliz año nuevo!
- Frohes neues Jahr!
- Happy new year!
- Yiliniz Kutlu Olsun!

Neujahrskarten mit Zauberkreide gestalten

So stellst du Zauberkreide her:
- Mische einen Liter Wasser mit drei Esslöffeln Zucker.
- Lege über Nacht bunte Kreide in das Zuckerwasser.
- Male mit der feuchten Kreide auf dunkles Tonpapier.

Im Winter

Spuren von winzigen Zehen
Was ist da im Schnee zu sehen?
Spuren von winzigen Zehen.

Eine kleine Maus –
hier kam sie heraus!
Verschwunden ist sie, husch,
in jenem Loch vor dem Haselbusch.

Zwischen den Tritten
fein
ein Strich.
Was kann's sein?
Da zog es das Schwänzlein
hinter sich drein.

Josef Guggenmos

Karneval

Das beste Kostüm

Die Maus geht zum Karnevalsfest.
Sie verkleidet sich als Vampir. Keiner soll sie erkennen.
An der Tür ist der Tiger.
„Hallo, Maus!", sagt er, „schön, dich zu sehen!"
„Ich bin ein Vampir!", faucht die Maus.
„Nein", lacht der Tiger,
„an deinem Schwanz erkennt dich jeder."

Beim nächsten Mal verkleidet sich die Maus als Känguru.
Am Eingang trifft sie den Löwen.
„Hallo, Maus!", ruft er, „schön, dich zu sehen!"
„Ich bin ein Känguru!", faucht die Maus.
„Nein", lacht der Löwe,
„an deinen Barthaaren erkennt dich jeder."

Beim nächsten Mal verkleidet sich die Maus gar nicht.
An der Tür trifft sie Löwe und Tiger.
„Oh, hallo!", rufen beide, „wer bist denn du?"
„Das ist ja ein tolles Kostüm. Dich erkennt keiner!"

Katharina Berg

Im Frühling

Frühblüher

Im März blühen im Garten schon die ersten Blumen.
Diese Blumen haben unter der Erde
eine Zwiebel oder eine Knolle.
Darin ist alles gespeichert,
damit die Pflanzen wachsen können.

Zwiebel   Knolle

Tulpen   Narzissen   Schneeglöckchen

Hyazinthen   Krokusse   Märzenbecher

Ostern

Grüne Ostereier

Du brauchst: Eierbecher, Eierschalen, Watte, Kressesamen

Fülle die Eierschale
zur Hälfte mit Watte.

Streue Kressesamen
in die Eierschale.

Stelle den Eierbecher
an ein Fenster.

Gieße die Samen jeden Tag
mit ein paar Tropfen Wasser.

Nach etwa zwei Wochen
kannst du ernten.

Guten Appetit
und frohe Ostern!

Ostern

Emma im Hasenglück

Es ist Ostern. Emma ist sehr gut im Eiersuchen.
Sie läuft durch den Garten
und findet alle Ostergeschenke.
Fast alle.

Emma rennt zum Schuppen.
Hinter dem Türspalt ist etwas.
Emma erkennt ein bisschen Fell.
Und ein weißes Puschelschwänzchen.
„Juhuu!", jubelt Emma.
„Das ist das schönste Geschenk meines Lebens!"

Der Hase hockt im Schuppen.
Er läuft nicht fort.
Er schaut Emma an.
Sein Hasenherz klopft.
Und neben ihm liegt ein großes Ei
aus Marzipan.

Martin Klein (gekürzt)

Im Sommer

Beim Regen

Liebe Sonne, scheine wieder,
schein die düstern Wolken nieder!
Komm mit deinem goldnen Strahl
wieder über Berg und Tal!

Trockne ab auf allen Wegen
überall den alten Regen!
Liebe Sonne, lass dich sehn,
dass wir können spielen gehn!

August Heinrich Hoffmann von Fallersleben

Sommersonne

Sommersonne – Sonnenschein,
jeder möchte draußen sein.
Sommersonne – Hitzewetter,
kaltes Eis, das ist der Retter.
Sommersonne – Ferienzeit,
supertoll, es ist soweit.

Kerstin von Werder

Im Sommer

Kleine Brüder

Annas kleiner Bruder Max
hatte ziemliche Angst vor dem Meer.
Aber hinein lief er trotzdem.
Viel zu weit meistens.
Wenn das Meer glatt und still war,
sang er dabei laut vor sich hin.

Aber wenn die Wellen
ihm gegen den Bauch klatschten,
schimpfte er und haute auf sie drauf.
Er lief sogar um die Wette mit ihnen,
und wenn er dann wieder
in den warmen Sand plumpste, keuchte er:
„Sieger! Ich war Sieger, du blödes Meer."

Das war ganz schön albern.
Und sehr lustig für Anna,
die schon acht war und richtig schwimmen konnte.

Cornelia Funke (gekürzt)

ich – du – wir

Ich arbeite alleine.

Ich tausche mich mit einem Partner aus.

Wir besprechen uns und unsere Ergebnisse. Wir ergänzen.

Das kann dir helfen.

kooperative Lernformen kennenlernen; über Lösungswege sprechen; eigenes Arbeitsverhalten reflektieren;
> Bild beschreiben; Stadien der Arbeit erkennen; Lerngespräche führen; Reflexionsmethode anwenden

Abschreiben und kontrollieren

Lies das Wort.

Schwinge es.
Sprich mit.

Verdecke das Wort.

Schreibe.
Sprich mit.

Überprüfe dein Wort.

Kontrolliere.

Schleichdiktat

Lies das Wort.
Sprich mit.

Schleiche an deinen Platz.

Schreibe.
Sprich mit.

Lies noch einmal.

Schreibe weiter.
Sprich mit.

Überprüfe.
Kontrolliere.

Abschreibtechniken nutzen: Schleichdiktat (einprägen, mitsprechen, aufschreiben, überprüfen)
> Wort lesen, schwingen und mitsprechen; Wort verdeckt aufschreiben; überprüfen und ggf. nachbessern

Erarbeitet von:
Katharina Berg, Astrid Eichmeyer, Heidrun Kunze, Kathrin Merkt, Claudia Stiebritz, Kerstin von Werder

Auf Grundlage der Karibu Fibel von 2009, erarbeitet von:
Katharina Berg, Astrid Eichmeyer, Heidrun Kunze, Esther Mager, Claudia Stiebritz, Kerstin von Werder

Wissenschaftliche Beratung:
Carola Reuter-Liehr

Illustriert von:
Svenja Doering, Susanne Schulte, Gisela Fuhrmann (Lautgebärden)

Bildrechte: Ialamy images, Abingdon/Oxfordshire: Grapheast 29.6. IArena Verlag GmbH, Würzburg: KNISTER: Hexe Lilli und der verflixte Gespensterzauber, Illustrationen von Birgit Rieger, © 2013 92.4. IKNISTER: Hexe Lilli und die wilden Dinos, Illustrationen von Birgit Rieger, © 2005 92, 92.3; KNISTER: Hexe Lilli, Illustrationen von Birgit Rieger 92; Lassahn, Bernhard; Klaucke, Peter: Das will ich wissen. Piraten, © 2005 55.4. IBeltz & Gelberg in der Verlagsgruppe Beltz, Weinheim: Axel Scheffler/Julia Donaldson: Der Grüffelo 68.4. IBerghahn, Matthias, Bielefeld: 49. IBlanck, Iris, Hamburg: 86. IDisney Publishing Worldwide, München: ©2014 Disney Fast Play 84.5. IDorling Kindersley Verlag GmbH, München: Das große Kinderlexikon 93.8. Idreamstime.com, Brentwood: Piligrim1807 103.3. IEsslinger Verlag J. F. Schreiber, Esslingen: Ledu-Frattini, Stéphanie: Das Eichhörnchen/Meine große Tierbibliothek, Esslingen, Schreiber, 2008 69.4. Ifotolia. com, New York: schaef 69.6; TheFinalMiracle 45.1. IHAHN FILM AG, Berlin: Die Schule der kleinen Vampire 84. IHonnen, Falko, Wesseling: 25. IiStockphoto. com, Calgary: Gangavane, Nikhil 45.2; Potemkin, Alex 103.6; schnuddel 103.4. IKinderleicht Wissen Verlag GmbH & Co KG, Regensburg: Spinnen - Räuberische Seidenweber, Text: Verena Wagner, Illustrationen: Gregor Schöner, ISBN 978-3-86751-169-8, Herausgeber Kinderleicht Wissen Verlag GmbH & Co. KG, Regensburg, www.bennyblu.de © 2012 77.7. Ikyas photography, Hannover: 8.1, 8.2, 8.3, 8.5, 8.6. ILoewe Verlag GmbH, Bindlach: Dagmar Geisler: Wohin mit meiner Wut 67.1. IPantherMedia GmbH (panthermedia.net), München: Pohlodek, Adam 103.5. IPicture-Alliance GmbH, Frankfurt/M.: ZB/Thieme, Wolfgang 103.6. IRavensburger Verlag GmbH, Ravensburg: Martin Klein/Eleonore Gerhaher: Leserabe – Emma im Hasenglück © 2013 105, 105, 105.4; Peter Nieländer, Andrea Erne: Wieso? Weshalb? Warum? 40: Alles über Piraten © 2007 55.3. IS. Fischer Verlag GmbH, Frankfurt/Main: Christine Nöstlinger: Anna und die Wut © FISCHER Sauerländer 67.2; Josef Lada, Kater Mikesch © FISCHER Sauerländer Audio 51.1. ITESSLOFF VERLAG, Nürnberg: WAS IST WAS DVD: Vulkane, © 2006 84.4. IThienemann-Esslinger Verlag GmbH, München: Peter Spier: Menschen 44.4, 44.5, 44.6. Iullstein bild, Berlin: Stanzel 103.8. IVerlag Friedrich Oetinger GmbH, Hamburg: Paul Maar: Hannes und die Wut im Bauch, Einband und farbige Illustrationen von Miriam Cordes © 2014 67.3. IWefringhaus, Klaus, Braunschweig: 9.1, 9.2, 9.3, 9.5, 9.6, 34.4, 34.5, 34.6, 34.7, 100.7.

Textrechte: 42: nach Jürgen Spohn, Getuschel. In: Drunter und Drüber, C. Bertelsmann Verlag, München 1980. © Barbara Spohn, Berlin; 75: Irma Kraus: Die kleine Abermaus. In: Mäuseangst und Monstermut, cbj, München 2011; 98: Fredrik Vahle: Wo wohnt wohl der Weihnachtsmann. In: Die schönsten Lieder von Fredrik Vahle, Fischer Sauerländer, Frankfurt 2012; 101: Josef Guggenmos: Spuren von winzigen Zehen. In: Was denkt die Maus am Donnerstag. © 2013 Dtv; 105: Martin Klein: Emma im Hasenglück. Ravensburger Verlag, Ravensburg 2013; 107: Cornelia Funke: Kleine Brüder. In: Cornelia Funke erzählt von Bücherfressern, Dachbodengespenstern und anderen Helden. Loewe Verlag, Bindlach 2004.
Einzelne Wörter/Texte/Sätze basieren auf der Grundlage der österreichischen Ausgabe von Karibu (E. Dorner Verlag, 2012), erarbeitet von Gabriele Zoltan.

© 2015 Bildungshaus Schulbuchverlage Westermann Schroedel Diesterweg Schöningh Winklers GmbH,
Georg-Westermann-Allee 66, 38104 Braunschweig
www.westermann.de

Das Werk und seine Teile sind urheberrechtlich geschützt. Jede Nutzung in anderen als den gesetzlich zugelassenen bzw. vertraglich zugestandenen Fällen bedarf der vorherigen schriftlichen Einwilligung des Verlages. Nähere Informationen zur vertraglich gestatteten Anzahl von Kopien finden Sie auf www.schulbuchkopie.de.

Für Verweise (Links) auf Internet-Adressen gilt folgender Haftungshinweis: Trotz sorgfältiger inhaltlicher Kontrolle wird die Haftung für die Inhalte der externen Seiten ausgeschlossen. Für den Inhalt dieser externen Seiten sind ausschließlich deren Betreiber verantwortlich. Sollten Sie daher auf kostenpflichtige, illegale oder anstößige Inhalte treffen, so bedauern wir dies ausdrücklich und bitten Sie, uns umgehend per E-Mail davon in Kenntnis zu setzen, damit beim Nachdruck der Verweis gelöscht wird.

Druck A^{12} / Jahr 2024
Alle Drucke der Serie A sind im Unterricht parallel verwendbar.

Redaktion: Ann-Christin Bayer, Maike Götting
Gesamtlayout: Annette Forsch, Berlin
Umschlaggestaltung: Annette Forsch, Berlin, mit einer Illustration von Svenja Doering
Druck und Bindung: Westermann Druck Zwickau GmbH, Crimmitschauer Straße 43, 08058 Zwickau

ISBN 978-3-14-121068-2